*juste un plat au four*

팬 하나로
다 되는

# 프랑스
# 가정식
# 오븐 요리

몰리 슈스터 지음
레베나 주네 사진
배혜정 옮김

다독
다독

# 차례

## 고기

- 베이컨 닭 넓적다리살구이 .................. 20
- 프로방스허브 통닭구이 ...................... 22
- 모로코식 닭구이 .................................. 24
- 푸타네스카 닭안심 .............................. 26
- 양념 닭봉구이 ...................................... 28
- 청경채를 곁들인 닭꼬치 ..................... 30
- 사과와 양파를 곁들인 오리구이 ........ 32
- 파스닙 메르게즈 .................................. 34
- 초리조와 흰콩 ...................................... 36
- 부르고뉴식 소꼬리찜 .......................... 38
- 간장소스 스테이크 .............................. 40
- 버섯을 곁들인 소고기 안심 ................ 42
- 감자 소고기 로스트 ............................. 44
- 토마토소스 소갈비 브레제 ................. 46
- 후추 양념 소갈비구이 ......................... 48
- 돼지갈비구이 ....................................... 50
- 돼지 안심구이 ..................................... 52
- 돼지 넓적다리 로스트 ......................... 54
- 돼지 통삼겹살구이 .............................. 56
- 양 정강이살 브레제 ............................. 58
- 양 어깨살 미조테 ................................ 60

## 생선 & 해산물

- 새우 판자넬라 ...................................... 64
- 가리비 관자와 여름 채소 .................... 66
- 문어 브레제 .......................................... 68
- 조개와 방울토마토 .............................. 70
- 크림 홍합찜 ......................................... 72
- 버섯을 곁들인 참치 ............................. 74
- 파르마 장봉으로 감싼 아귀 ................ 76
- 하리사소스 연어 .................................. 78
- 연어구이와 알감자 .............................. 80
- 오븐 연어구이 ..................................... 82
- 토마토와 올리브를 넣은 대구 브레제 ..... 84
- 오븐식 피쉬 앤 칩스 ........................... 86
- 아시안식 서대구이 .............................. 88
- 오븐 송어구이 ..................................... 90
- 오븐 농어구이 ..................................... 92

## 채소

단호박 파르시....................96
양송이버섯 파르시....................98
파마산치즈 흰콩구이....................100
콜리플라워구이....................102
할루미치즈구이....................104
블루치즈 엔다이브....................106
발사믹식초 라디치오....................108
흰콩 미조테....................110
퀴노아 호박 파르시....................112
페타치즈 레몬 채소구이....................114
샥슈카....................116
발사믹소스 방울양배추구이....................118
샬롯 콜리플라워구이....................120
돼지감자 펜넬구이....................122
블루치즈 양송이버섯 파르시....................124
미니가지 부라타치즈....................126
콜리플라워와 렌틸콩....................128
가지 파프리카구이....................130
감자 그라탱....................132
붉은 카레 채소구이....................134

## 전채 요리

메이플시럽 피칸....................138
파마산 레몬 아티초크 심....................140
가지 캐비어....................142
고구마 칩스....................144
나초....................146
닭날개 양념구이....................148
닭간 파테....................150
토마토 콩피 부르스케타....................152
파스닙 수프....................154
오징어구이....................156
달걀 코코트....................158

## 곁들임 소스

치미추리소스....................162
아이올리소스....................164
레몬 케이퍼소스....................166
따뜻한 머스터드소스....................168

## 디저트

5시간 사과....................172
사과 크럼블....................174
메이플시럽 배....................176
구운 파인애플....................178
바닐라 미라벨....................180
체리 클라푸티....................182
복숭아 타르트....................184

단백질 채소

양념 소스/크림

# 최소한의 도구와 재료로 만드는 단품 오븐 요리

이 책은 오븐과 오븐용 팬 하나만 있으면 뚝딱 만들어지는
쉽고 실용적인 레시피로 구성되어 있다.
팬 하나로 조리부터 플레이팅까지 해결돼 설거지가 적고 시간이 절약된다.

단 몇 분 만에 완성되는 쉽고 간단한 요리부터
오후 내내 오븐에서 조용히 익어가는 콩피, 약불로 천천히 익히는 정통 프랑스 요리까지
단품 요리 하나로도 식탁이 풍성해지고 친구, 가족과 함께 언제든 즐기기 좋은
맛있고 먹음직스러운 요리로 가득하다.

재료를 잘 준비하는 것만으로 충분하다.
잘 익어가고 있는지 지켜보지 않아도 된다.
당신의 요리 생활에 여유를 선물한다.

# 완벽한 오븐 요리를 위한 재료와 과정

## 1.

**익히는 방식**
요리에 알맞은 가열 방식을 선택한다.

- **로티(로스트)**
육류나 생선 등에 지방(라드, 오일)을 더하여 오븐 또는 화덕, 로스트 기구 등에 직접 굽는 방법으로 육즙이 새지 않게 익힌다.

- **브레제(브레이징)**
재료가 속까지 잘 익도록 뚜껑이나 쿠킹호일을 덮고 약불 또는 오븐에서 오랫동안 뭉근히 익힌다.

- **그릴**
재료를 직접 불에 노출하거나 닿게 하여 겉을 빠르게 익힌다.

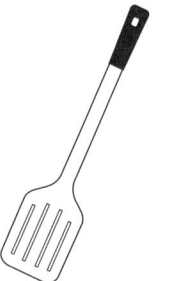

## 2.

**오븐용 팬 준비**
조리 방법에 따른 오븐용 팬

- **로스트** 큰 오븐팬 또는 제과용 팬
- **브레이징** 기본 오븐팬
- **그릴** 제과용 팬

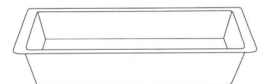

## 3.

**주재료**
육류나 콩류, 채소류 등 오븐에 익히기 좋은 주재료를 고른다.
ex) 닭고기, 소고기, 새우, 캔에 들어 있는 콩, 익힌 콩, 콜리플라워, 당근, 방울양배추 등.

## 4.

**기름 또는 액체(즙)**
로스트, 브레이징, 그릴 세 가지 방식 모두 재료를 충분히 익히기 위해 주재료 위에 올리브오일, 거위 기름, 오리 기름, 부이용(육수 농축액) 등을 끼얹거나 으깬 토마토 같은 즙이 많은 재료를 첨가한다.

## 5.

**향신 재료**
마늘, 샬롯, 양파 등의 향신 재료는 음식의 풍미를 높이고, 농도를 진하게 만든다. 맛을 한 단계 높이기 위해 한두 개 정도 선택해 넣는다.

## 6.

### 채소

채소는 다양한 풍미와 질감을 낸다. 아스파라거스처럼 금방 익는 채소나 구워 먹기 좋은 그린빈, 펜넬이나 당근처럼 포만감을 주는 채소, 로스트나 브레이징하기 좋은 파스닙 등을 선택한다.

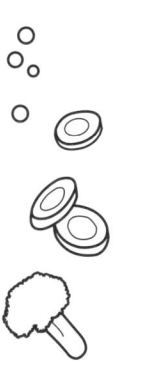

## 7.

### 허브와 향신료

신선한 허브와 말린 향신료는 요리에 풍미와 개성을 입힌다. 신선한 허브나 향신료를 별개로 넣거나 여러 가지를 섞어서 사용한다.

## 8.

### 조리 시간

조리 시간이 길든 짧든 좋은 결과를 내려면 조리 시간을 지키는 것이 가장 중요하다. 오븐과 그릴 온도는 오븐의 종류마다 다를 수 있다. 가지고 있는 오븐의 기능과 그릴의 출력 차이를 잘 숙지하고 시간을 맞춘다.

## 9.

### 마무리

음식을 서빙하기 전 간을 확인한다. 신선한 허브나 레몬즙, 꽃소금 등의 섬세한 터치로 마감한다.

## 10.

### 성찬 즐기기

소스나 곁들임 음식으로 요리의 완성도를 높인다. 폴렌타(옥수숫가루로 끓인 죽)나 보리, 감자 퓌레와 같은 가니시를 곁들여 메뉴를 더욱 풍성하게 구성하거나 치미추리소스나 아이올리소스와 같은 간단한 소스로 구이 요리에 포인트를 준다.

# 기본 도구

### 오븐 전용 팬

이 책은 익히는 방식에 따라 세 가지 크기의 오븐팬을 사용한다.

- **기본 오븐팬**　　23x33x6.5cm - 로스트 & 브레이징
- **큰 오븐팬**　　　40x30cm - 로스트
- **제과용 오븐팬**　45x36cm - 로스트 & 그릴

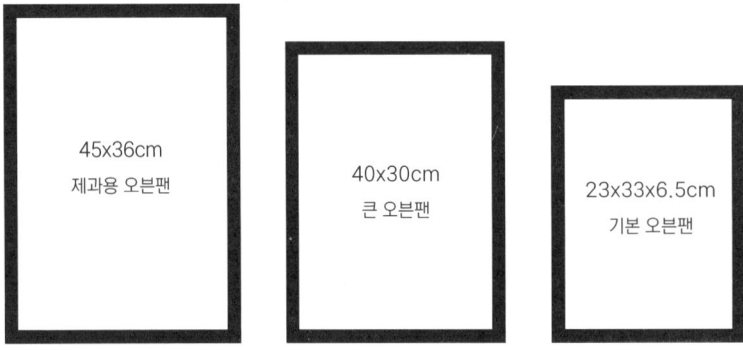

### 그 외 주방 도구

- 칼: 고기, 생선, 채소 등 재료를 자를 때 사용한다.
- 채칼: 채소의 껍질을 벗기거나 리본처럼 납작하게 썰 때 사용한다.
- 제스터: 감귤류의 껍질 제스트를 만들 때 사용한다.
- 쿠킹호일: 조리 중인 요리를 덮거나 완성된 요리의 온도를 따뜻하게 유지할 때 사용한다.

---

### * 일러두기

- 오븐 사양에 따라 레시피의 조리 시간과 실제 조리 시간이 다를 수 있다. 레시피에 안내된 온도와 시간을 참고하되 원하는 굽기 정도에 따라 오븐의 온도와 시간을 가감한다.
- 이 책의 레시피에서 그릴을 언급하지 않은 경우 오븐 모드로 조리한다.
- 이 책의 레시피에서 그릴 모드로 조리하는 경우 그릴망은 열선과 가까운 곳(열선에서 12cm 정도 떨어진 곳)에 위치시킨다.

# 유지류/유제품

올리브오일

오리 기름

요거트

참기름

페타치즈

파메산치즈

버터

# 풍미

# 식감

# 허브

# 고기
## VIANDES

최소한의 재료로 간단하면서 푸짐하게 즐기는 전통 요리 & 색다른 요리

고기

# 베이컨 닭 넓적다리살구이 POULET AUX LARDONS

**준비** 15분 | **익히기** 1시간

### 4인분

(껍질과 뼈가 있는) 닭 넓적다리살 4조각(약 650g)

베이컨 100g

감자 325g 길게 2등분하기

샬롯 200g 껍질 벗기고 2등분하기

로즈메리 1줄기 잘게 다지기

올리브오일 2작은술

소금, 후추

1 오븐을 200도로 예열한다.
2 소금과 후추를 뺀 나머지 재료들을 모두 섞은 후 닭고기는 따로 담아 둔다.
3 제과용 오븐팬(45x36cm)에 닭고기를 뺀 나머지 재료들을 펼쳐 넣는다.
4 소금, 후추로 간하고 오븐에서 25분 동안 익힌다.
5 닭고기를 소금과 후추로 살짝 간한 후 4번 팬 재료들 사이에 놓는다.
6 오븐에서 25~30분 동안 채소는 노릇하게, 닭고기는 완전히 익힌다.

고기

# 프로방스허브 통닭구이 POULET AUX HERBES DE PROVENCE

**준비** 15분 | **익히기** 1시간 15분

**4인분**

닭 1마리(약 1.8kg)
당근 4개 6~8cm 길이로 자른 후 세로로 2등분
파스닙 3개 당근과 같은 크기로 손질하기
적양파 2개 4등분하기

프로방스허브* 1큰술
올리브오일 3큰술
소금, 후추

* **프로방스허브** herbes de Provence
프랑스 남동부의 프로방스 지역에서 자라는 허브들(로즈메리, 타임, 오레가노, 마조람, 라벤더 등)을 말려서 믹스한 것.

**1** 오븐을 200도로 예열한다.

**2** 기본 오븐팬(23x33cm)에 채소를 넣고 올리브오일 1.5큰술로 버무린 후 팬 가운데를 비우고 닭고기를 넣는다.

**3** 나머지 올리브오일을 재료 위에 두르고 프로방스허브를 뿌린 후 소금, 후추로 간한다.

**4** 오븐에서 1시간 15분 동안 채소는 부드럽게, 닭고기는 완전히 익힌다.

고기

# 모로코식 닭구이 *POULET À LA MAROCAINE*

**준비** 10분 | **익히기** 35분

## 4인분

닭 1마리 4등분하기
양파 1개 1cm 두께로 채썰기
커민가루 2작은술
고수가루 2작은술
레몬콩피 1개 과육은 빼고 껍질 부분만 잘게 썰어 제스트로 사용

그린 올리브 100g 씨를 빼고 다지기
올리브오일 2큰술
소금, 후추

**1** 오븐을 190도로 예열한다.

**2** 제과용 오븐팬(45x36cm)에 닭과 양파, 커민가루, 고수가루, 올리브오일을 넣고 고르게 섞은 후 겹치지 않게 펼친 다음 소금, 후추로 간한다.

**3** 오븐에서 35분 동안 닭을 노릇하게 익힌다.

**4** 닭이 익는 동안 올리브와 레몬콩피 제스트를 섞어 둔다.

**5** 먹기 직전 4를 고르게 뿌린다.

고기

# 푸타네스카 닭안심 *POULET PUTTANESCA*

**준비** 5분 | **익히기** 50분

### 2인분

닭안심 450g 2.5cm 크기로 자르기
칼라마타 올리브 65g 굵게 다지기
마늘 3쪽 곱게 다지기
케이퍼 2큰술 물기 제거하기
양파 ½개 잘게 다지기

찹드 토마토 캔 800g
어린 시금치 85g
올리브오일 50㎖
소금, 후추

1 오븐을 175도로 예열한다.

2 기본 오븐팬(23x33cm)에 토마토, 올리브, 마늘, 케이퍼, 양파, 올리브오일을 넣고 고르게 섞는다.

3 소금, 후추로 간하고 오븐에서 35분 동안 익힌다.

4 닭안심을 추가하고 오븐에서 10분 정도 익힌다.

5 시금치를 얹고 2~3분 동안 더 익힌 후 간을 확인한다.

고기

# 양념 닭봉구이 *PILON DE POULET AUX ÉPICE*

**준비** 10분 + 마리네이드 30분 | **익히기** 45~55분

### 4인분

닭봉 8개  식용유 1큰술
케첩 1큰술  꿀 3큰술
간장 4큰술  오향분* 2작은술

* **오향분**
계피, 펜넬, 팔각, 정향, 후추 등을 섞어 만든 중국의 대표적인 향신료.

1 오븐을 200도로 예열한다.

2 닭봉을 제외한 모든 재료를 고르게 섞어 양념 소스를 만든다.

3 기본 오븐팬(23x33cm)에 닭봉을 넣고 양념 소스를 고르게 바른다.

4 양념이 충분히 배도록 30분 동안 그대로 둔다.

5 오븐에서 45~55분 동안 닭봉을 노릇하게 익힌다. 골고루 익도록 중간에 닭봉을 뒤집어 준다.

6 팬 바닥에 흘러내린 소스를 닭봉 위에 발라 준다.

# 청경채를 곁들인 닭꼬치 *BROCHETTES DE POULET*

**준비** 20분 + 마리네이드 30분 | **익히기** 15분

## 2인분

닭가슴살 또는 닭안심 450g 2.5cm로 길이로 자르기
청경채 600g 길게 2등분하고 클 경우 더 작게 나눈다.
저염 간장 75㎖
참기름 2큰술

대파 4대 2~3등분으로 자르기
마늘 2쪽 곱게 다지기
생강 1큰술 잘게 채썰기
꼬치 4개 나무 꼬치는 30분 동안 물에 담가 놓는다.

**1** 볼에 간장, 참기름, 대파, 마늘, 생강을 섞은 후 ⅓만 소스 그릇에 따로 담아 둔다.

**2** 나머지 소스에 닭을 넣고 뚜껑을 덮어서 30분 동안 실온에서 마리네이드한다.

**3** 오븐을 175도로 예열한다.

**4** 마리네이드 된 닭을 4개의 꼬치에 나누어 꽂는다.

**5** 닭꼬치와 청경채를 제과용 오븐팬(45x36cm)에 나란히 넣고 따로 담아 둔 1의 간장소스를 청경채에 붓는다.

**6** 오븐에서 12~15분 동안 청경채는 부드럽게 닭고기는 완전히 익힌다.

**7** 기호에 따라 그릴 모드로 윗면을 살짝 거뭇하게 구워도 좋다.

고기

# 사과와 양파를 곁들인 오리구이 CANARD GRILLÉ, POMMES & OIGNONS

**준비** 10분 | **익히기** 40분

### 2인분

사과(핑크 레이디) 350g 세로로 2등분하기
작은 양파 250g 껍질만 제거하기
오리 가슴살 2개 격자로 칼집 내기
올리브오일 2작은술
소금, 후추

1 오븐을 200도로 예열한다.

2 사과와 양파에 올리브오일을 골고루 바르고 소금, 후추로 간한다.

3 제과용 오븐팬(45x36cm)에 2를 넣고 오븐에서 20분 동안 익힌다.

4 양파를 뒤집어서 사과와 양파가 부드러워질 때까지 10분 동안 더 익힌다.

5 팬을 꺼내 익힌 재료들을 그릇에 담고 식지 않게 덮어 둔다.

6 오븐의 열선에서 16cm 정도 떨어진 곳에 그릴망을 끼우고 예열한다.

7 오븐팬에 오리 가슴살을 넣고 소금, 후추를 넉넉하게 뿌려 밑간한 후 그릴망에 올려 약 5분 동안 껍질은 바삭하고 속은 미디엄 레어로 굽는다.

8 뜨거운 오리 기름이 떨어지는 것에 주의하며 고기를 뒤집어 주고 175도에서 3~5분 동안 더 익힌다.

9 구워 둔 양파와 사과를 팬에 추가하고 서빙한다.

고기

# 파스닙 메르게즈* MERGUEZ AUX PANAIS

**준비** 10분 | **익히기** 35분

**2인분**

메르게즈* 2개
파스닙 3개 껍질을 벗겨 8cm 길이로 자르기
적양파 2개 4등분하기
올리브오일 2큰술
소금, 후추

* **메르게즈** merguez
아프리카 마그레브(튀니지, 알제리, 모로코 등)에서 다진 양고기 또는
소고기에 매운 고추, 커민, 하리사 등을 넣어 만든 소시지

1 오븐을 200도로 예열한다.

2 제과용 오븐팬(45x36cm)에 모든 재료를 넣고 고르게 섞은 후 겹치지 않게 펼치고 소금, 후추로 간한다.

3 오븐에서 20분 동안 익힌 후 팬을 꺼내 메르게즈와 채소를 뒤집어 준다.

4 오븐에 다시 넣고 채소를 부드럽고 노릇하게 15~20분 동안 더 익힌다.

고기

# 초리조와 흰콩 *CHORIZO & HARICOTS BLANCS*

**준비** 10분 | **익히기** 2시간 15분

### 4인분

익힌 흰콩 630g (익히기 전 300g)

초리조 180g 1cm 크기로 자르기

토마토 500g (중간 크기 3개) 작게 자르기

닭 육수 475㎖

양파 1개 작게 다지기

마늘 2쪽 곱게 다지기

타임 2줄기 작게 다지기

올리브오일 (서빙용) 선택

소금, 후추

1 오븐을 175도로 예열한다.

2 기본 오븐팬(23x33cm)에 모든 재료를 넣고 고르게 섞는다.

3 쿠킹호일로 팬을 덮고 1시간 45분 동안 익힌다.

4 쿠킹호일을 걷어내고 오븐에서 30분 동안 소스가 진해질 때까지 더 익힌다.

5 소금, 후추로 간한다.

6 기호에 따라 먹기 직전 올리브오일을 뿌린다.

고기

# 부르고뉴식 소꼬리찜 *QUEUE DE BŒUF BOURGUIGNON*

**준비** 10분 | **익히기** 3시간 40분 + 휴지 하룻밤

### 4인분

소꼬리 1kg
레드 와인 550㎖
당근 400g 5cm 길이로 자르기
찹드 토마토 캔 400g

양파 1개 채썰기
로즈메리 2~3줄기
타임 2~3줄기
소금, 후추

1 오븐을 230도로 예열한다.
2 기본 오븐팬(23x33cm)에 소꼬리를 넣고 소금, 후추로 간한 후 오븐에서 10분 동안 익힌다.
3 오븐 온도를 165도로 내리고 나머지 재료들을 넣어 고르게 섞은 후 쿠킹호일을 덮고 3시간 동안 더 익힌다.
4 뼈가 쉽게 분리될 정도로 고기를 충분히 부드럽게 익힌다.
고기가 충분히 익지 않을 경우 쿠킹호일을 덮어서 30분 동안 더 익힌다.
5 포크로 고기와 뼈를 분리하고 간을 확인한다. 고기에 지방이 많을 경우 약간 제거한다.
6 바로 먹거나 실온에 식힌 후 하루 동안 냉장 보관한다.
7 냉장 보관했다면 먹기 전 고기 표면에 있는 지방과 소스에 있는 기름을 제거하고 데워 먹는다.

고기

# 간장소스 스테이크 STEAK MARINÉ SAUCE SOJA

**준비** 5분 + 마리네이드 30분 | **익히기** 6분

## 2인분

스테이크용 소고기 1개(안창살, 약 500g) 2등분하기
브로콜리니(또는 1.5cm 크기로 자른 브로콜리) 400g
저염 간장 75㎖
느억맘소스 2큰술

참기름 2큰술
대파 2~3대 송송 썰기
마늘 2쪽 곱게 다지기

1 간장, 느어만소스, 참기름, 데피, 미늘을 힌데 쉬어서 ⅓만 따로 남아 둔다.
2 나머지 소스에 소고기를 넣고 뚜껑을 덮은 채 30분 동안 실온에서 마리네이드한다.
3 오븐의 열선에서 12cm 정도 떨어진 곳에 그릴망을 끼우고 예열한다.
4 제과용 오븐팬(45x36cm)에 소고기와 브로콜리니를 나란히 넣고 따로 담아 둔 소스를 붓는다.
5 팬을 그릴망에 올리고 약 6분 동안 고기를 미디엄 상태로 굽는다.

고기

# 버섯을 곁들인 소고기 안심 FILET DE BŒUF AUX CHAMPIGNONS

**준비** 15분 | **익히기** 15분

## 2인분

6cm 두께의 안심 스테이크 2개(약 540g)
버섯 모듬 225g 이물질을 제거하고 6~8cm 크기로 굵게 자르기
브로콜리 200g 작은 송이로 나누기
샬롯 3개 굵게 채썰기

타임 2줄기
잘게 썬 부추 작게 1줌
올리브오일 2큰술
소금, 후추

1 오븐을 220도로 예열한다.
2 제과용 오븐팬(45x36cm) 중앙에 스테이크를 놓는다.
3 버섯, 브로콜리, 샬롯, 부추, 타임을 올리브오일로 버무려서 스테이크 주변에 고르게 펼쳐 넣고 소금, 후추로 간한다.
4 오븐에서 15~20분 동안 고기를 미디엄 상태로 익힌다.
5 오븐에서 꺼내 5분 정도 휴지시키고 서빙한다.

고기

# 감자 소고기 로스트 RÔTI DE BŒUF AUX POMMES DE TERRE

**준비** 5분 | **익히기** 1시간 5분

### 4인분

구이용 소고기(또는 등심) 1.5kg
감자 1kg 껍질째 사용
겨잣가루(곱게 간 겨자씨) 1큰술
소고기 기름 3큰술(또는 라드)
소금, 후추

1 오븐을 230도로 예열한다.

2 키친타월로 고기 표면의 핏물을 닦아낸다.

3 겨잣가루를 고기에 바르고 소금, 후추로 간한다.

4 기본 오븐팬(23x33cm)에 고기를 넣고 기름을 두른 후 15분 동안 굽는다.

5 오븐 온도를 180도로 낮추고 팬에 감자를 추가해 기름과 섞는다.

6 오븐에서 50분 동안 굽는다. 굽는 동안 바닥에 있는 육즙을 고기와 감자에 끼얹는다.

7 오븐에서 꺼낸 후 육즙이 고기 안에 고르게 퍼지도록 쿠킹호일을 덮은 채 20분 동안 휴지시키고 서빙한다.

고기

# 토마토소스 소갈비 브레제 PLATS DE CÔTES BRAISÉS À LA TOMATE

**준비** 10분 | **익히기** 3시간 50분

### 4인분

뼈있는 소갈비 1개(약 800g)

찹드 토마토 캔 800g

당근 5개 6~8cm 길이로 자른 후 굵으면 세로로 2등분

양파 1개 채썰기

마늘 4쪽 곱게 다지기

로즈메리 1줄기 잘게 다지기

익힌 흰콩 325g(익히기 전 140g)

소금, 후추

1 오븐을 230도로 예열한다.

2 기본 오븐팬(23x33cm)에 갈비를 넣고 소금, 후추로 간한 후 오븐에서 10분 동안 익힌다.

3 고기를 뒤집어서 10분 동안 더 익힌다.

4 오븐의 온도를 165도로 내리고 토마토와 당근, 양파, 마늘, 로즈메리를 추가한다.

5 쿠킹호일을 덮고 3시간 동안 익힌다.

6 익힌 흰콩을 추가하고 30분 동안 더 익힌다.

7 포크로 고기와 뼈를 분리하고 소금, 후추로 간한다.

고기

# 후추 양념 소갈비구이 *CÔTE DE BŒUF AU POIVRE*

**준비** 5분 | **익히기** 20분

### 2인분

소갈비 1개(1.5cm 두께) 조리 1~2시간 전 실온에 꺼내 둔다.
흑후추 2큰술 굵게 으깨기
브로콜리니 1묶음(약 300g) 끝은 잘라내기
올리브오일 2작은술
소금, 후추

1 오븐의 열선에서 12cm 정도 떨어진 곳에 그릴망을 끼우고 예열한다.
2 소갈비 양면을 소금, 후추로 비벼 넉넉히 간한다.
3 제과용 오븐팬(45x36cm)에 소갈비를 넣고 그릴망에 올려 5분 동안 굽는다.
4 고기를 뒤집고 브로콜리니를 추가한 후 올리브오일, 소금, 후추를 뿌리고 5분 동안 굽는다.
5 팬을 오븐에서 꺼내고 브로콜리니만 다른 접시에 담아 식지 않게 덮어둔다.
6 오븐에서 그릴망을 제거하고 오븐의 온도를 175도로 조정한다.
7 팬을 오븐에 다시 넣고 10~12분 동안 갈비를 미디엄 상태로 더 익힌다.
8 오븐에서 꺼내 5분 정도 휴지시킨 후 고기를 잘라서 브로콜리니와 함께 서빙한다.

고기

# 돼지갈비구이 CÔTES DE PORC GRILLÉES

**준비** 5분 | **익히기** 10분

## 2인분

돼지갈비(안심, 2.5~3cm 두께) 2개
타임 2~3줄기
으깬 펜넬 씨 1작은술
으깬 고수씨 1작은술

으깬 커민 씨 1작은술
아스파라거스 1묶음(약 400g)
올리브오일 1큰술
소금, 후추

1 오븐 열선에서 12cm 정도 떨어진 곳에 그릴망을 끼우고 예열한다.

2 제과용 오븐팬(45x36cm)에 돼지갈비를 넣는다.

3 향신료(커민 씨, 펜넬 씨, 고수씨)와 타임을 섞어서 고기 표면에 고르게 바른다.

4 고기 옆에 아스파라거스를 놓는다.

5 아스파라거스와 돼지갈비에 올리브오일을 두르고 소금, 후추를 넉넉히 뿌린다.

6 아스파라거스를 뒤집어서 겹치지 않게 펼쳐 담는다.

7 팬을 그릴망에 올리고 고기를 앞뒤로 5분씩 완전히 익히고 아스파라거스는 노릇하게 굽는다.

고기

# 돼지 안심구이 *FILET MIGNON*

**준비** 10분 | **익히기** 30분

## *2인분*

돼지 안심 450g
로즈메리 1줄기 곱게 다지기
씨 겨자 1큰술
방울양배추 225g 크면 2등분하기

샬롯 4개 세로로 2등분하기
올리브오일 2큰술 + 1작은술
소금, 후추

**1** 오븐을 220도로 예열한다.
**2** 다진 로즈메리와 씨 겨자를 고기 표면에 바른다.
**3** 제과용 오븐팬(45x36cm)에 고기를 넣고 올리브오일 1작은술을 두르고 소금, 후추로 간한다.
**4** 방울양배추와 샬롯을 올리브오일 2큰술과 섞어서 고기 주변에 펼쳐 놓는다.
**5** 오븐에서 30~35분 동안 고기가 완전히 익을 때까지 익힌다.

고기

# 돼지 넓적다리로스트 ROUELLE DE PORC RÔTIE

**준비** 15분 | **익히기** 5시간 45분

### 6인분

뼈 있는 돼지 넓적다리 3~3.5kg 조리 1~2시간 전 실온에 꺼내 둔다.
로즈메리 1줄기 반만 다지고, 나머지는 모양대로
세이지 1묶음 반만 다지고, 나머지는 모양대로
마늘 3쪽 편 썰기

파스닙 650g 6~8cm 길이로 자르고 굵으면 세로로 2등분
사과(핑크 레이디) 500g(약 8개)
양파 2개 4등분하기
소금, 후추

1 오븐을 220도로 예열한다.
2 고기 표면에 격자무늬로 칼집을 낸다. 너무 깊게 내지 않는다. 얇은 지방층은 그대로 둔다.
3 고기 앞뒤로 소금, 후추를 넉넉히 뿌리고 다진 허브와 마늘로 고기를 문지른다.
4 큰 오븐팬(40x30cm)에 고기를 넣고 오븐에서 30분 동안 익힌다.
5 온도를 165도로 내려서 쿠킹호일로 팬을 완전히 감싼 뒤 4시간 동안 굽는다.
6 쿠킹호일을 벗기고 채소와 사과, 나머지 허브를 넣고 육즙과 섞는다.
7 쿠킹호일을 덮고 1시간 15분 동안 채소는 노릇하게 육질은 부드럽게 익힌다.
8 오븐에서 꺼내 5~10분 정도 휴지시키고 서빙한다.

고기

# 돼지 통삼겹살구이 *POITRINE DE PORC RÔTIE LENTEMENT*

**준비** 10분 | **익히기** 3시간 45분 + 휴지 20분

### *6~8인분*

두툼한 돼지 통삼겹살 1.5~2kg
양파 2개 굵게 채썰기
당근 4개 길게 3~4등분
펜넬 씨 2큰술
꽃소금 2큰술
블랙 통후추 2큰술
올리브오일 1큰술

1 오븐을 220도로 예열한다.
2 소금과 펜넬 씨, 흑후추를 미니 절구에 넣고 빻아서 올리브오일과 섞는다.
3 삼겹살 표면에 2번 소스를 바르고 마사지하듯 주무른다.
4 기본 오븐팬(23x33cm)에 채소를 깔고 고기를 올린 후 오븐에서 30분 동안 굽는다.
5 온도를 140도로 내리고 3시간 동안 굽는다.
6 오븐 온도를 220도로 올리고 15분 동안 삼겹살 겉면을 바삭하게 익힌다.
7 오븐에서 꺼낸 후 20분 동안 휴지시키고 서빙한다.

# 양 정강이살 브레제 *SOURIS D'AGNEAU BRAISÉES*

**준비** 10분 | **익히기** 3시간 20분

## 4인분

양 정강이살 3개(약 1kg)
찹드 토마토 캔 800g
당근 250g 6~8cm 길이로 잘라서 굵으면 세로로 2등분하기
양파 1개 굵게 채썰기
마늘 3쪽 으깨기

로즈메리 1줄기 작게 자르기
물 250ml
이스라엘 쿠스쿠스 100g
소금, 후추

**1** 오븐을 230도로 예열한다.

**2** 기본 오븐팬(23x33cm)에 양고기를 넣고 소금, 후추로 간한 후 오븐에서 10분 동안 익힌다.

**3** 고기를 뒤집어서 10분 동안 더 익힌다.

**4** 팬을 꺼내 쿠스쿠스를 제외한 나머지 모든 재료를 팬에 넣고 고르게 섞는다.

**5** 쿠킹호일을 덮고 오븐의 온도를 160도로 내려서 2시간 30분 동안 익힌다. 중간에 고기를 뒤집어서 고르게 익힌다.

**6** 쿠스쿠스를 추가하고 쿠킹호일을 덮은 후 오븐에서 30분 동안 익힌다.

(쿠스쿠스가 충분히 익고 뼈가 쉽게 분리될 정도로 육질이 부드러우면 적당하다)

**7** 분리된 뼈를 제거하고 소금, 후추로 간한다.

고기

# 양 어깨살 미조테* ÉPAULE D'AGNEAU MIJOTÉE

**준비** 10분 | **익히기** 4시간 30분

### 4~6인분

뼈 있는 양 어깨살 1개(약 3kg)
조리 1~2시간 전 상온에 꺼내 두기
레몬즙 1개
으깬 펜넬 씨 2큰술
으깬 고수씨 2작은술
으깬 건고추 1작은술

소금 2큰술
펜넬 2개 4~6등분하기
적양파 2개 굵게 2~3등분하기
올리브오일 2큰술
후추

* **미조테** mijotée
약한 불로 오랫동안 천천히 익히는 조리법

**1** 오븐을 165노로 예열한다.

**2** 큰 오븐팬(40x30cm)에 양고기를 넣고 올리브오일과 레몬즙을 뿌린다.

**3** 소금과 향신료(펜넬 씨, 고수씨, 건고추)를 섞어서 고기 양면에 고르게 바르고 후추를 뿌린다.

**4** 쿠킹호일을 덮고 오븐에서 3시간 동안 굽는다. 필요하다면 중간에 물 50㎖를 추가한다.

**5** 조리 시간이 끝나갈 무렵 양파와 펜넬을 추가한다.

**6** 오븐에서 1시간~1시간 30분 동안 육질이 부드럽고 채소가 완전히 익을 때까지 더 익힌다.

**7** 팬을 오븐에서 꺼내 놓는다.

**8** 오븐의 열선에서 15cm 정도 떨어진 곳에 그릴망을 끼우고 7번 팬을 올려서 5분 정도 노릇하게 굽는다.

**9** 팬을 오븐에서 꺼낸 후 쿠킹호일을 10분 동안 헐겁게 덮어 휴지시킨 후 서빙한다.

# 생선 & 해산물
## POISSONS &COQUILLAGES

생선과 해산물 요리에 자신감이 생기는 맛과 실용성을 겸비한 최고의 레시피

생선 & 해산물

# 새우 판자넬라* PANZANELLA AUX CREVETTES

**준비** 15분 | **익히기** 15분

### 2인분

단단한 빵 200g 한입 크기로 자르기
굵은 새우 12개 껍질과 내장 제거하기
방울토마토 250g 2등분하기
굵은 마늘 1쪽 편 썰기
바질 작게 1묶음 굵게 썰기

파슬리 작게 1묶음 굵게 썰기
발사믹식초 3큰술
올리브오일 50㎖ + 1작은술
소금, 후추

* **판자넬라** panzanella
이탈리아 토스카나 지역의 샐러드로 양파, 토마토, 바질, 올리브오일, 허브, 크루통 등이 들어간다.

**1** 오븐을 175도로 예열한다.

**2** 제과용 오븐팬(45x36cm)에 빵을 펼쳐 담는다.

**3** 오븐에서 10분 동안 구운 후 빵을 뒤집는다.

**4** 팬 한쪽의 1/3 공간을 비워 올리브오일 1작은술과 새우를 섞어 넣고 소금, 후추로 간한다.

**5** 오븐에서 5~7분 동안 새우가 완전히 익고 빵이 적당히 구워질 때까지 익힌다.

**6** 나머지 모든 재료와 올리브오일 50㎖를 넣고 고르게 섞는다.

**7** 소금, 후추로 간한다.

생선 & 해산물

# 가리비 관자와 여름 채소 NOIX DE SAINT-JACQUES & LÉGUMES D'ÉTÉ

**준비** 10분 | **익히기** 10분

### 2인분

가리비 관자 450g(약 10개)
방울토마토 300g 2등분하기
호박 작은 것 2개 5mm 두께로 통썰기
쪽파 4개 송송 썰기

바질 1줌 굵게 자르기
올리브오일 2큰술
소금, 후추

1 오븐의 열선에서 12cm 정도 떨어진 곳에 그릴망을 끼우고 예열한다.
2 토마토, 호박, 쪽파, 올리브오일 1큰술을 한데 섞는다.
3 제과용 오븐팬(45x36cm)에 가리비 넣을 공간(⅓)을 비우고 2를 넣는다.
4 팬에 가리비를 넣고 남은 올리브오일 1큰술을 뿌리고 소금, 후추로 간한다.
5 팬을 그릴망에 올리고 10분 정도 가리비 관자와 채소를 부드럽게 굽는다.
6 바질을 뿌리고 서빙한다.

생선 & 해산물

# 문어 브레제 *POULPES BRAISÉS*

**준비** 10분 | **익히기** 40분

## *2~4인분*

작은 문어 8개(약 450g)
병아리콩 200g(캔 또는 병) 헹궈서 물기 제거하기
토마토 125g 잘게 다지기
마늘 3쪽 곱게 다지기
디종 머스터드 2작은술

오레가노 1줄기
파프리카가루 ½작은술
올리브오일 50㎖
소금, 후추

**1** 오븐을 160도로 예열한다.

**2** 기본 오븐팬(23x33cm)에 모든 재료를 넣고 섞는다.

**3** 쿠킹호일로 팬을 감싼 후 오븐에서 40분 동안 문어를 부드럽게 익힌다.

**4** 소금, 후추로 간한다.

# 조개와 방울토마토 *PALOURDES & TOMATES CERISES*

**준비** 10분 | **익히기** 45분

### 2인분

방울토마토 1.5kg
마늘 2쪽 편 썰기
드라이한 화이트 와인 100㎖
해감한 조개 700g

바질잎 1줌 굵게 썰기
올리브오일 3큰술
소금, 후추

1 오븐을 175도로 예열한다.
2 기본 오븐팬(23x33cm)에 토마토, 마늘, 와인, 올리브오일을 넣고 섞는다.
3 오븐에서 40분 동안 토마토가 주름이 잡히고 터질 때까지 익힌다.
4 팬에 조개를 추가하고 섞은 후 쿠킹호일로 팬을 밀봉하듯 감싼다.
5 오븐에서 5~8분 동안 조개가 입을 열 때까지 익힌다.
6 바질잎으로 장식한다.

생선 & 해산물

# 크림 홍합찜 *MOULES À LA CRÉME*

**준비** 15분 | **익히기** 25분

### 2~4인분

대파 1개 세로로 2등분한 후 5mm 두께로 썰기. 흰 대와 초록색 윗대만 사용

마늘 2쪽 편 썰기

드라이한 화이트 와인 120㎖

생크림 120㎖

홍합 900g 비벼서 깨끗이 씻기

1 오븐을 175도로 예열한다.

2 기본 오븐팬(23x33cm)에 홍합을 제외한 모든 재료를 넣는다.

3 쿠킹호일을 덮고 오븐에서 15분 동안 익힌다.

4 홍합을 넣고 고르게 섞는다.

5 뚜껑이나 쿠킹호일로 단단히 덮고 오븐에서 8~10분 동안 홍합이 입을 열 때까지 익힌다.

생선 & 해산물

# 버섯을 곁들인 참치 THON AUX CHAMPIGNONS

준비 10분 | 익히기 7분

### 2인분

생참치 1조각(두께 3.5cm 정도, 약 375g)
표고버섯 225g 이물질을 제거하고 2등분하기
대파 6개 끝부분은 제거
저염 간장 2큰술
참기름 2작은술

1 오븐을 220도로 예열한다.
2 간장과 참기름 1작은술을 섞어서 버섯과 대파에 고르게 묻힌 후 제과용 오븐팬(45x36cm)에 가지런히 넣는다.
3 오븐에서 5분 동안 익힌 후 팬을 잠시 꺼낸다.
4 그릴망을 끼우고 예열한다.
5 참치에 참기름 1작은술을 뿌려서 팬 한쪽에 넣고 팬을 그릴망에 올려 1~2분 동안 굽는다.
(대파는 살짝 거뭇하게, 참치는 겉은 노릇하고 속은 핑크색이 돌게 굽는다.)
6 참치를 먹기 좋게 썰어서 따뜻할 때 버섯, 대파와 함께 서빙한다.
7 기호에 따라 약간의 간장으로 간한다.

생선 & 해산물

# 파르마 장봉으로 감싼 아귀 *LOTTE AU JAMBON DE PARME*

**준비** 5분 | **익히기** 15분

## 2인분

굵은 아귀살 1개(약 400g)
(얇게 썬) 파르마 장봉 50g
타임 2~3줄기

그린빈 150g 끝을 제거하기
올리브오일 2작은술
소금, 후추

1 오븐을 200도로 예열한다.

2 키친타월로 아귀살의 물기를 닦아내고 타임을 잘게 다져서 아귀에 뿌린다.

3 파르마 장봉으로 아귀를 완전히 감싼다.

4 기본 오븐팬(23x33cm) 한쪽에 3을 넣는다.

5 그린빈에 올리브오일을 발라서 팬 한쪽에 넣고 소금, 후추로 간한다.

6 오븐에서 12~15분 동안 아귀는 충분히, 장봉은 바삭하게 익힌다.

생선 & 해산물

# 하리사*소스 연어 SAUMON À LA HARISSA

**준비** 15분 | **익히기** 30분

## 2인분

연어 2조각(약 400g)
알감자 350g 5mm 두께로 통썰기
그린빈 150g 끝부분 제거하기
하리사 2작은술

(씨 제거한) 그린 올리브 85g
올리브오일 4작은술
소금, 후추

\* **하리사** harissa
북아프리카 마그레브의 매운 소스로
홍고추와 마늘, 올리브오일 등을 넣고 만든다.

1 오븐을 200도로 예열한다.

2 알감자에 올리브오일 2작은술을 바르고 소금, 후추로 간한다.

3 기본 오븐팬(23x33cm)에 알감자를 넣고 오븐에서 15분 동안 익힌다.

4 팬을 꺼내 알감자를 뒤집어서 팬 한쪽으로 밀어 놓는다.

5 그린빈에 올리브오일 2작은술을 고르게 발라 연어 놓을 자리를 비우고 감자 옆에 놓는다.

6 연어에 하리사소스를 발라서 그린빈 옆에 놓는다.

7 오븐에서 12~15분 동안 연어를 미디엄 또는 미디엄 웰던으로 익힌다.

8 그린 올리브를 토핑한다.

생선 & 해산물

# 연어구이와 알감자 *SAUMON RÔTI & GRENAILLES*

**준비** 5분 | **익히기** 30분

### 2인분

알감자 350g 2등분하기
연어 2조각(약 400g)
올리브오일 2작은술
소금, 후추
치미추리소스 만드는 방법_ 162쪽

1 오븐을 200도로 예열한다.
2 알감자에 올리브오일을 고르게 바르고 소금, 후추로 간한다.
3 기본 오븐팬(23x33cm)에 감자를 넣고 오븐에서 20분 동안 익힌다.
4 팬을 꺼내 감자를 뒤집어서 연어 놓을 자리를 비워 두고 팬 한쪽으로 밀어 놓는다.
5 연어를 넣고 오븐에서 10~15분 동안 익힌다. (연어의 두께에 따라 익는 시간에 차이가 있을 수 있다)
6 치미추리소스를 곁들인다.

생선 & 해산물

# 오븐 연어구이 *SAUMON AU FOUR*

**준비** 5분 | **익히기** 12~15분

### 4인분

(껍질 있는) 연어 4조각(150g)

방울토마토 200g

얇은 아스파라거스 200g

올리브오일 1큰술 + 바르기용 약간

잘게 자른 딜 2큰술

레몬 1개 2등분하기

소금, 후추

**1** 오븐을 200도로 예열한다.

**2** 붓을 이용하여 연어에 올리브오일을 고르게 바른다.

**3** 기본 오븐팬(23x33cm)에 연어 껍질 부분이 아래로 가도록 넣는다.

**4** 토마토와 아스파라거스로 연어 가장자리를 보기 좋게 장식한다.

**5** 올리브오일 1큰술을 토마토와 아스파라거스에 두르고 딜을 뿌린다.

**6** 레몬 반쪽은 즙을 짜서 연어 위에 뿌리고 반쪽은 얇게 썰어 연어 위에 올린다.

**7** 소금, 후추로 간하고 쿠킹호일을 덮은 후 오븐에서 12~15분 동안 익힌다.

생선 & 해산물

# 토마토와 올리브를 넣은 대구 브레제
## CABILLAUD BRAISÉ TOMATES & OLIVES

**준비** 10분 | **익히기** 1시간 10분

### 2인분

대구살 450g 한입 크기로 자르기
토마토 700g 2.5~5cm 크기로 자르기
알감자 200g 2~3등분하기
칼라마타 올리브 50g 씨 제거하고 굵게 자르기
마늘 2쪽 곱게 다지기

오레가노 2줄기
파슬리 2~3줄기 잘게 다지기
올리브오일 2큰술
소금, 후추

1 오븐을 175도로 예열한다.
2 기본 오븐팬(23x33cm)에 토마토, 감자, 올리브, 마늘, 오레가노를 넣는다.
3 올리브오일을 뿌리고 소금, 후추로 간한 후 고르게 섞는다.
4 쿠킹호일을 살짝 덮고 오븐에서 1시간 동안 익힌다.
5 팬을 꺼내 대구를 올리고 파슬리를 뿌린다.
6 쿠킹호일을 다시 덮고 오븐에서 10분 동안 감자는 부드럽게 생선은 완전히 익힌다.
7 기호에 따라 소금, 후추로 간한다.

생선 & 해산물

# 오븐식 피쉬 앤 칩스 FISH AND CHIPS AU FOUR

**준비** 15분 | **익히기** 35분

### 2인분

알감자 300g 아주 얇게 통썰기
로즈메리 1줄기 곱게 다지기
밀가루 60g
빵가루 60g
달걀물(달걀 1개, 물 1큰술)

대구 450g 2.5cm 두께로 자르기
레몬 1개 서빙용, 4등분하기
올리브오일 3큰술 + 뿌리기용 약간
소금, 후추

1 오븐을 200도로 예열한다.

2 감자, 로즈메리, 올리브오일을 섞어서 소금, 후추로 넉넉히 간한다.

3 기본 오븐팬(23x33cm)에 감자를 펼쳐 넣고 오븐에서 20분 동안 굽는다.

4 굽는 동안 접시 2개에 각각 밀가루와 빵가루를 담는다.

5 빵가루에 약간의 소금을 섞는다.

6 생선에 밀가루를 묻히고 털어낸다.

7 6을 달걀물에 담갔다가 5의 빵가루를 묻힌다.

8 감자를 뒤집어서 팬 한쪽에 밀어 놓는다. 생선을 감자 옆에 놓고 가볍게 올리브오일을 뿌린다.

9 오븐에서 12~15분 동안 생선은 완전히, 감자는 노릇하고 바삭하게 익힌다.

10 레몬 조각을 올리고 소금을 곁들인다.

생선 & 해산물

# 아시안식 서대구이 *SOLE À L'ASIATIQUE*

준비 5분 | 익히기 10분

## 2인분

서대살 2조각(작으면 4개)
시금치 작게 1묶음(또는 어린 시금치 2~3줌)
팽이버섯 200g 밑동 제거하기

저염 간장 1큰술
참기름 1작은술
볶은 참깨 1작은술

1 오븐을 175도로 예열한다.

2 기본 오븐팬(23x33cm) 한쪽에 서대살을 가지런히 넣고 그 옆에 시금치를 나란히 놓는다.

3 시금치 위에 버섯을 가지런히 올린다.

4 양념 재료들(참기름, 간장, 참깨)을 섞어서 고르게 뿌린다.

5 쿠킹호일로 팬을 완전히 감싸고 오븐에서 10~12분 동안 생선은 완전히 시금치는 부드럽게 익힌다.

생선 & 해산물

# 오븐 송어구이 *TRUITE AU FOUR*

**준비** 5분 | **익히기** 15분

### 2인분

(손질된) 송어 2마리(약 900g)  
레몬 2개 얇게 통썰기  
타임 2~3줄기  

올리브오일 2큰술  
소금, 후추  
조리용 실

**1** 오븐을 220도로 예열한다.
**2** 송어 안에 타임과 레몬을 넣고 레몬 몇 조각을 송어 위에 올린 후 5cm 간격으로 조리용 실을 묶어 단단히 고정한다.
**3** 올리브오일 2큰술을 송어 위에 뿌린다.
**4** 기본 오븐팬(23x33cm)에 송어를 넣고 소금, 후추로 간한다.
**5** 오븐에서 15~20분 동안 익힌다.
**6** 치미추리소스(162쪽) 또는 레몬 케이퍼소스(166쪽)를 곁들인다.

생선 & 해산물

# 오븐 농어구이 BAR AU FOUR

**준비** 10분 | **익히기** 22분

### 4인분

감자 500g 껍질째 5mm 두께로 통썰기
도미 또는 농어 350~400g 비늘과 내장을 제거한다.
레몬 1개 4등분하기
딜 6줄기

굵은 마늘 1쪽 곱게 다지기
올리브오일 (뿌리기용)
소금, 후추

1 오븐을 220도로 예열한다.

2 오븐용 큰 팬(40x30cm)에 감자를 펼쳐 넣는다.

3 올리브오일을 뿌리고 감자를 섞은 후 소금, 후추로 간한다.

4 생선 안에 딜과 레몬, 마늘을 넣고 생선 안팎으로 소금, 후추를 뿌린다.

5 감자 위에 생선을 올린다.

6 오븐에서 15분 동안 생선살과 감자를 완전히 익힌다.

메인으로 또는 곁들여 즐기기 좋은 건강하고 예쁜 채소 요리

채소

# 단호박 파르시 *COURGE FARCIE*

**준비** 10분 | **익히기** 1시간 50분

### *2인분*

단호박 1개 2등분하고 씨 제거하기
샬롯 2개 잘게 다지기
단단한 빵 110g 3~5cm 크기로 자르기
녹인 버터 3큰술
건크랜베리 40g

로즈메리 1줄기 잘게 다지기
닭 육수 125㎖
올리브오일 2큰술
소금, 후추

1 오븐을 175도로 예열한다.

2 빵과 샬롯, 버터, 크랜베리, 로즈메리, 닭육수를 섞어서 소금, 후추로 간한다.

3 호박을 2의 소로 채운다.

4 기본 오븐팬(23x33cm)에 3을 넣고 올리브오일을 뿌린다.

5 쿠킹호일을 덮고 오븐에서 1시간 30분 동안 굽는다.

6 쿠킹호일을 벗기고 오븐에서 20분 동안 호박을 부드럽게, 소를 노릇하고 바삭하게 더 익힌다.

채소

# 양송이버섯 파르시 CHAMPIGNONS FARCIS

**준비** 10분 | **익히기** 30분

### 4인분

큰 양송이버섯 8~10개 이물질을 제거하고 기둥을 뗀다.
익힌 보리 250g(익히기 전 125g)
으깬 페타치즈 75g
으깬 호두 35g
다진 파슬리 2큰술
다진 민트 2큰술
석류알 80g
올리브오일 4큰술
소금, 후추

**1** 오븐을 175도로 예열한다.
**2** 기본 오븐팬(23x33cm)에 버섯을 뒤집어서 펼쳐 넣고 올리브오일 2큰술을 뿌린 후 소금, 후추로 간한다.
**3** 오븐에서 15분 동안 익힌다.
**4** 버섯을 굽는 동안 보리, 페타치즈, 호두, 파슬리, 민트잎 1큰술을 한데 섞는다.
**5** 팬을 꺼내 4의 소로 버섯의 빈 곳을 채우고 올리브오일 2큰술을 뿌린다.
**6** 오븐에서 15분 동안 더 익힌다.
**7** 석류알과 남은 민트잎을 토핑한다.

채소

# 파마산치즈 흰콩구이 *HARICOTS BLANCS AU PARMESAN*

**준비** 5분 | **익히기** 1시간 30분

## 4인분

흰콩 450g 먹기 전날 불려 놓는다.
닭고기 육수 750㎖
파마산치즈 100g 넓게 자르기
월계수 잎 3장

마늘 2쪽 껍질만 제거하기
로즈메리 1줄기
올리브오일 2큰술 + 마지막 뿌리기용 약간
소금, 후추

**1** 오븐을 160도로 예열한다.
**2** 기본 오븐팬(23x33cm)에 모든 재료를 넣고 섞은 후 후추를 뿌린다.
**3** 쿠킹호일을 덮고 오븐에서 1시간 30분 동안 콩이 부드럽고 국물이 줄어들 때까지 익힌다.
**4** 소금과 올리브오일을 약간 뿌린다.

채소

# 콜리플라워구이 *CHOU-FLEUR*

**준비** 5분 | **익히기** 1시간 10분

### 4인분

콜리플라워 1개 잎을 제거하고 통으로 씻는다.
드라이한 화이트 와인 230㎖
레몬 1개(즙, 넓은 제스트 5개)
타임 2~3줄기

올리브오일 2큰술
그린 올리브 130g 2~3등분하기
구운 헤이즐넛 75g 적당히 으깨기

1 오븐을 190도로 예열한다.

2 기본 오븐팬(23x33cm)에 콜리플라워를 넣는다.

3 와인, 레몬 제스트, 레몬즙, 타임을 추가하고 올리브오일을 뿌린다.

4 쿠킹호일을 덮고 오븐에서 45분~1시간 동안 콜리플라워를 부드럽게 익힌다.

5 쿠킹호일을 벗기고 25분 동안 콜리플라워가 노릇해질 때까지 더 익힌다.

6 그동안 그린 올리브를 썰고 헤이즐넛을 으깬다.

7 구운 콜리플라워, 그린 올리브, 헤이즐넛을 서빙 접시에 담는다.

채소

# 할루미치즈구이 *HALLOUMI GRILLÉ*

**준비** 10분 | **익히기** 17분

### 2~4인분

근대 1.3kg 씻어서 물기를 제거하고 굵게 썰기
줄기 토마토 3개(약 450g) 5mm 두께로 통썰기
대파 1대(또는 쪽파 3개) 송송 썰기
마늘 1쪽 편 썰기

할루미치즈 230g 얇게 자르기
올리브오일 50㎖
소금, 후추

1 오븐을 200도로 예열한다.

2 기본 오븐팬(23x33cm)에 근대, 토마토, 파, 마늘을 올리브오일 2작은술을 넣고 섞은 후 겹치지 않게 펼친다.

3 할루미치즈를 올려 남은 올리브오일을 뿌리고 소금, 후추로 간한다.

4 오븐에서 15분 동안 채소가 부드럽고 수분이 생길 때까지 익힌다.

5 팬을 오븐에서 꺼낸 뒤 그릴 모드를 켠 다음 팬을 그릴망에 올려 치즈가 노릇할 때까지 1~2분 동안 더 굽는다.

채소

# 블루치즈 엔다이브 ENDIVES AU BLEU

**준비** 5분 | **익히기** 25분

### 6인분

엔다이브 4개 세로로 2등분하기
으깬 로크포르치즈 80g
호두 40g 작게 쪼개기
올리브오일 1큰술
소금, 후추

**1** 오븐을 200도로 예열한다.

**2** 기본 오븐팬(23x33cm)에 엔다이브를 잘린 면이 위로 오게 펼쳐 넣고 올리브오일을 뿌린다.

**3** 소금, 후추로 간한 후 오븐에서 20분 동안 익힌다.

**4** 로크포르치즈와 호두를 엔다이브 위에 올린다.

**5** 오븐에서 5~10분 동안 엔다이브를 부드럽게, 치즈가 녹을 정도로 익힌다.

채소

# 발사믹식초 라디치오 *RADICCHIO RÔTI AU BALSAMIQUE*

**준비** 5분 | **익히기** 10분

### 2인분

라디치오 1개 밑동을 제거하고 4등분하기
(냄비에 조린) 발사믹식초 2큰술
파마산치즈 갈아서 1큰술
올리브오일 1큰술
소금, 후추

1 오븐을 200도로 예열한다.

2 제과용 오븐팬(45x36cm)에 라디치오를 넣고 올리브오일을 뿌린 후 소금, 후추로 간한다.

3 오븐에서 10분 동안 라디치오를 부드럽게, 잎을 살짝 거뭇하게 굽는다.

4 기호에 따라 그릴 모드로 좀 더 바삭하게 굽는다.

5 발사믹식초를 뿌리고 파마산치즈를 갈아 올린다.

채소

# 흰콩 미조테 HARICOTS BLANCS MIJOTÉS

**준비** 5분 | **익히기** 1시간 30분

**4인분**

흰콩 캔 400g 헹궈서 물기 제거하기
찹드 토마토 캔 800g
마늘 3쪽 편 썰기
말린 고추 으깨서 ½작은술
페타치즈 100g 으깨기

호박 1개 작게 썰기
민트 1줌 선택
올리브오일 50㎖
소금, 후추

**1** 오븐을 175도로 예열한다.

**2** 흰콩, 토마토, 마늘, 올리브오일, 고추를 기본 오븐팬(23x33cm)에 넣고 섞는다.

**3** 쿠킹호일을 덮고 오븐에서 1시간 동안 익힌다.

**4** 페타치즈와 호박을 추가하고 쿠킹호일을 다시 덮은 후 30분 동안 더 익힌다.

**5** 소금, 후추로 간하고 기호에 따라 민트잎을 작게 잘라 올린다.

채소

# 퀴노아 호박 파르시 *COURGETTES FARCIES AU QUINOA*

**준비** 5분 | **익히기** 40분

### 4인분

호박 2개(약 450g) 세로로 2등분하기
익힌 퀴노아 200g(익히기 전 60g)
토마토소스 150㎖

프레시 모차렐라치즈 115g
구운 잣 25g
바질잎 4~5장 작게 썰기

**1** 오븐을 175도로 예열한다.

**2** 작은 숟가락으로 호박의 씨를 파낸다.

**3** 퀴노아, 토마토소스 $1/2$과 모차렐라 $1/2$, 잣을 한데 섞는다.

**4** 3으로 호박의 빈 곳을 채운다.

**5** 남은 토마토소스와 모차렐라치즈를 나누어 올린다.

**6** 오븐에서 약 40분 정도 호박은 완전히, 치즈는 노릇하게 굽는다.

**7** 바질잎을 뿌린다.

# 페타치즈 레몬 채소구이 *LÉGUMES RÔTIS À LA FETA & AU CITRON*

**준비** 10분 | **익히기** 55분

***4~6인분***

뿌리채소 1.5kg (당근, 감자, 고구마, 파스닙, 무, 양파 등)
껍질을 벗기고 3.5cm 크기로 깍둑썰기
레몬 1개 8등분하기
로즈메리 잘게 썰어서 2큰술
페타치즈 150g 굵게 으깨기

어린 시금치 2줌
녹인 버터 2큰술
올리브오일 2큰술
소금, 후추

1 오븐을 220도로 예열한다.

2 기본 오븐팬(23x33cm)에 올리브오일과 녹인 버터, 뿌리채소, 레몬, 로즈메리를 넣고 섞는다.

3 소금, 후추로 넉넉하게 간하고 오븐에서 45분 동안 익힌다.

중간중간 채소를 뒤집어 주며 부드럽게 익힌다.

4 페타치즈를 추가하고 10분 동안 더 굽는다.

5 서빙할 접시에 옮겨 담고 시금치를 올린다.

6 바닥에 고인 즙을 위에 뿌리고 서빙한다.

# 샥슈카* *CHAKCHOUKA*

**준비** 15분 | **익히기** 1시간 15분

### 4~6인분

달걀 6개
토마토 650g 잘게 썰기
붉은 파프리카 1개 잘게 썰기
노랑 파프리카 1개 잘게 썰기
마늘 2쪽 편 썰기

매운 고춧가루 ½작은술
파슬리 1줌 잘게 썰기
올리브오일 50㎖
소금, 후추

* **샥슈카** chakchouka
북아프리카 마그레브어의 혼합물이라는 의미로 토마토, 파프리카 등을 넣은 소스에 달걀을 익힌 요리. 영어로 에그 인 헬(egg in hell)로 부르기도 한다

**1** 오븐을 175도로 예열한다.
**2** 기본 오븐팬(23x33cm)에 토마토, 파프리카, 마늘, 고춧가루, 올리브오일을 넣고 섞는다.
**3** 파슬리 ½을 추가하고 소금, 후추로 간한 후 오븐에서 1시간 동안 익힌다.
**4** 팬을 꺼내 6개의 구멍을 내고 달걀을 깨서 하나씩 넣는다.
**5** 파슬리 일부를 추가하고 오븐에서 12~15분 정도 익힌다.
**6** 남은 파슬리를 올리고 서빙한다.

# 발사믹소스 방울양배추구이
## CHOUX DE BRUXELLES AU BALSAMIQUE

**준비** 10분 | **익히기** 30분

### 2~4인분

방울양배추 800g 2등분하기
(냄비에 조린) 발사믹식초 3큰술
베이컨 100g 작게 썰기
올리브오일 2큰술
소금, 후추

1 오븐을 200도로 예열한다.
2 기본 오븐팬(23x33cm)에 방울양배추, 베이컨, 올리브오일을 넣고 섞어서 소금, 후추로 간한다.
3 팬에 겹치지 않게 펼치고 오븐에서 20분 동안 익힌다.
4 팬을 꺼내 재료를 고르게 섞은 후 오븐에서 10분 동안 방울양배추를 부드럽고 노릇하게 더 굽는다.
5 발사믹식초를 뿌리고 서빙한다.

채소

# 샬롯 콜리플라워구이 CHOU-FLEUR RÔTI AUX ÉCHALOTES

준비 5분 | 익히기 30분

**4인분, 가니시**

콜리플라워 1개 꽃 모양대로 작게 자르기
건포도 20g
샬롯 4개 4등분하기
마늘 6쪽 껍질째
올리브오일 75㎖
레몬즙 1큰술
소금, 후추

1 오븐을 200도로 예열한다.

2 기본 오븐팬(23x33cm)에 콜리플라워, 샬롯, 마늘, 올리브오일 3큰술을 넣고 섞어서 소금, 후추로 간한다.

3 오븐에서 30분 동안 굽는다. 중간중간 재료들을 뒤집으며 가장자리가 노릇해질 때까지 굽는다.

4 구운 마늘의 껍질을 제거하고 유리병에 담은 후 남은 올리브오일, 레몬즙, 소금, 후추를 넣고 병뚜껑을 닫고 강하게 흔든다.

5 오븐팬에 건포도를 추가하고 4를 뿌린 후 고르게 섞는다.

6 서빙 접시에 옮겨 담는다.

채소

# 돼지감자 펜넬구이 TOPINAMBOURS & FENOUILS RÔTIS

**준비** 15분 | **익히기** 35분

## 2~4인분

돼지감자 350g 씻어서 물기를 제거하고 5mm 두께로 얇게 썰기
펜넬 1개 4등분한 후 심지를 제거하고 2.5cm 두께로 썰기
엔다이브 3개 세로로 2등분하기

대파 2대 흰 대와 초록 윗대만 사용. 길게 2등분한 후 8cm 길이로 자르기
올리브오일 2큰술
소금, 후추

**1** 오븐을 220도로 예열한다.

**2** 기본 오븐팬(23x33cm)에 모든 채소와 올리브오일을 넣고 섞어서 소금, 후추로 간한다.

**3** 겹치지 않게 펼치고 오븐에서 35~40분 동안 굽는다.

중간에 재료들을 뒤집어 주며 채소를 부드럽고 노릇하게 굽는다.

**4** 아이올리소스(164쪽 참조) 또는 레몬 케이퍼소스(166쪽 참조)를 곁들인다.

채소

# 블루치즈 양송이버섯 파르시 CHAMPIGNONS FARCIS AU BLEU

**준비** 10분 | **익히기** 12~15분

### 4인분

굵은 양송이버섯 4개 기둥 제거하기
으깬 블루치즈(블루 도베르뉴치즈 또는 로크포르치즈) 80g
부드러운 상온 버터 60g
마늘 2쪽 곱게 다지기
타라곤 잎 잘게 썰어서 1큰술
후추

1 오븐을 200도로 예열한다.
2 기본 오븐팬(23x33cm)에 버섯을 넣는다.
3 버터, 마늘, 타라곤을 고르게 섞어서 후추로 간한다.
4 버섯을 3의 소로 채우고 블루치즈를 뿌린다.
5 오븐에서 12~15분 동안 굽는다.

채소

# 미니가지 부라타치즈 MINI-AUBERGINES & BURRATA

**준비** 10분 | **익히기** 40분

### 4인분

미니 가지 4개
오레가노 1줄기
부라타치즈 1개(250g)

바질잎 5~6장
올리브오일 100㎖
소금, 후추

**1** 오븐을 200도로 예열한다.

**2** 가지를 꼭지에서 2.5cm 정도 남기고 반으로 가른다. (서로 붙어 있도록)

**3** 기본 오븐팬(23x33cm)에 가지를 넣고 가지 속과 껍질에 올리브오일을 고르게 바른 후 소금, 후추로 넉넉하게 간한다.

**4** 가지 속에 오레가노를 넣는다.

**5** 오븐에서 40분 동안 굽는다. 중간에 가지를 뒤집어 주며 부드럽고 살짝 노릇하게 굽는다.

**6** 가지 위에 부라타치즈와 바질 잎을 올리고 바로 서빙한다.

채소

# 콜리플라워와 렌틸콩 CHOU-FLEUR & LENTILLES

**준비** 15분 | **익히기** 35분

### 4인분

콜리플라워 1개 밑동을 제거하고 4등분한 후 작게 자르기
양파 1개 얇게 채썰기
커민가루 1작은술
익힌 그린 렌틸콩 260g(익히기 전 100g)

건포도 2큰술 따뜻한 물에 담갔다가 물기 제거하기
구운 잣 2큰술
올리브오일 2큰술
소금, 후추

**1** 오븐을 200도로 예열한다.

**2** 기본 오븐팬(23x33cm)에 콜리플라워, 양파, 올리브오일, 커민을 넣고 섞는다.

**3** 겹치지 않게 펼치고 소금, 후추로 간한다.

**4** 오븐에서 25분 동안 콜리플라워와 양파를 부드럽고 살짝 노릇하게 굽는다.

**5** 익힌 렌틸콩, 건포도, 잣을 추가하고 섞는다.

**6** 오븐에서 10분 동안 채소를 노릇하게 굽는다.

**7** 기호에 따라 소금으로 간하고 따뜻할 때 또는 상온으로 서빙한다.

채소

# 가지 파프리카구이 AUBERGINES & POIVRONS RÔTIS

**준비** 15분 | **익히기** 40분 + 식히기 1시간

**4인분 - 가니시용**

가지 500g 3cm 크기로 깍둑썰기
붉은 파프리카 2개 3cm 크기로 깍둑썰기
고수 1묶음 줄기를 잘라내고 굵게 썰기
마늘 향이 들어간 올리브오일 4큰술

붉은 고추 1개 잘게 썰기
셰리식초(또는 화이트와인식초) 1큰술
소금, 후추

**1** 오븐을 200도로 예열한다.
**2** 두 개의 오븐용 접시에 가지와 파프리카를 각각 펼쳐 담는다.
**3** 각각 올리브오일 1큰술씩을 뿌리고 소금, 후추로 간한 후 고르게 섞는다.
**4** 오븐에 넣고 40분 동안 가지와 파프리카를 부드럽고 노릇하게 굽는다.
**5** 그동안 올리브오일 2큰술, 고추, 식초를 섞어 둔다.
**6** 구운 채소에 5의 소스를 넣고 버무려서 식힌 후 고수를 뿌린다.
**7** 간을 확인하고 서빙한다.

# 감자 그라탱 *GRATIN DAUPHINOIS*

**준비** 10분 | **익히기** 43분

### 4인분

감자 600g 껍질을 벗기고 얇게 통썰기-채칼을 이용하면 편리하다.

우유 400㎖ 이상

진한 생크림 400㎖

마늘 2쪽 곱게 다지기

월계수 잎 2장

오일 약간 그라탱 팬 바닥에 바르는 용도

소금, 후추

1 오븐을 200도로 예열한다.
2 그라탱용 팬 바닥에 오일을 발라 둔다.
3 냄비에 우유, 생크림, 마늘, 월계수 잎을 넣고 소금, 후추로 간한 후 약불로 5분 정도 데운다.
4 냄비에 감자를 넣고 약간의 뜨거운 우유를 추가한다. (감자가 완전히 잠길 정도로 넣어도 좋다)
5 약불에서 8분 동안 감자를 부드럽게 익힌다.
6 거품을 제거하고 오븐용 그라탱 팬에 옮겨 담는다.
7 뜨거운 우유를 감자가 덮이도록 붓는다.
8 오븐에서 30분 동안 익히고 뜨거울 때 서빙한다.

채소

# 붉은 카레 채소구이 *CURRY ROUGE DE LÉGUMES*

**준비** 10분 | **익히기** 40분

### 4인분

코코넛밀크 1캔(400㎖)
붉은 카레 2큰술
양파 1개 얇게 채썰기
당근 4개 5mm 두께로 동그랗게 어슷썰기

브로콜리니 300g 길게 자르기
붉은 파프리카 1개 먹기 좋게 자르기
구운 캐슈넛 80g
소금

1 오븐을 175도로 예열한다.

2 기본 오븐팬(23x33cm)에 코코넛밀크, 카레, 양파, 당근을 넣고 섞는다.

3 쿠킹호일을 덮고 오븐에서 20분 동안 굽는다.

4 팬에 브로콜리니와 붉은 파프리카를 추가하고 섞은 다음
쿠킹호일을 다시 덮고 20~25분 동안 채소를 부드럽게 익힌다.

5 소금, 후추로 간하고 캐슈넛을 고르게 올린다.

# 전채 요리

## APÉROS & PETITES ENTRÉES

애피타이저, 가벼운 디너를 위한 완벽한 레시피

전채 요리

# 메이플시럽 피칸 NOIX DE PÉCAN AU SIROP D'ÉRABLE

**익히기** 16분

### 4~6인분

피칸 200g
황설탕 25g
메이플시럽 60㎖
4종 향신료* ¼작은술
카엔느 고춧가루 ¼작은술
계핏가루 ¼작은술

* **4종 향신료** quatre-épices
프랑스 요리(수프, 스튜, 채소, 고기 등)에 쓰이는 향신료로 계피, 정향, 넛맥, 생강이 들어간다.

1 오븐을 175도로 예열한다.

2 기본 오븐팬(23x33cm)에 모든 재료를 넣고 섞은 후 호두를 겹치지 않게 펼친다.

3 오븐에서 16분 동안 호두에 갈색이 돌고 설탕이 작은 결정체가 되도록 굽는다.

4 중간에 피칸을 섞어 주며 고르게 익힌다.

5 팬에서 꺼내 2~3분 정도 식힌 후 서로 달라붙지 않도록 섞어 주고 식힌다.

전채 요리

# 파마산 레몬 아티초크 심 *CŒURS D'ARTICHAUT PARMESAN & CITRON*

**준비** 5분 | **익히기** 3분

### 6인분

아티초크 심 6개 줄기가 있는 채로 오일에 마리네이드한다.

타임 2~3줄기

레몬 ½개(즙 + 제스트)

파마산 치즈 곱게 갈아서 2.5큰술

올리브오일 2작은술

1 오븐의 열선에서 12cm 정도 떨어진 곳에 그릴망을 끼우고 예열한다.
2 아티초크를 길게 2등분한 후 기본 오븐팬(23x33cm)에 아티초크 절단 면이 위로 오게 펼쳐 놓는다.
3 올리브오일을 두르고 타임과 레몬 제스트를 뿌린다.
4 팬을 그릴망에 올리고 2~3분 동안 살짝 거뭇하게 굽는다.
5 레몬즙과 파마산치즈를 뿌리고 뜨거울 때 서빙한다.

전채 요리

# 가지 캐비어 *CAVIAR D'AUBERGINE*

**준비** 5분 | **익히기** 12분

### 6~8인분

가지(중간 크기) 2개
타히니 60g
마늘 2쪽 곱게 다지기
레몬즙 1.5큰술
파슬리 2~3줄기
올리브오일 2작은술
소금

**1** 오븐의 열선에서 12cm 정도 떨어진 곳에 그릴망을 끼우고 예열한다.

**2** 기본 오븐팬(23x33cm)에 가지를 놓고 오일로 문질러준다.

**3** 팬을 그릴망에 올리고 가지 한 면당 2~4분 정도 굽되 껍질이 거뭇해질 때까지 굽는다.

**4** 오븐 온도를 200도로 조절하고 10분간 가지가 부드러워질 때까지 굽는다.

**5** 가지를 세로로 2등분해서 상온에서 식힌다.

**6** 가지 속살을 긁어서 나머지 재료와 함께 믹서에 넣고 퓌레 형태로 곱게 간다.

**7** 소금으로 간한다.

전채 요리

# 고구마 칩스 *CHIPS DE PATATE DOUCE*

**준비** 10분 | **익히기** 15분

### 4인분

고구마 250g 얇게 통썰기-채칼을 사용하면 편리하다.
올리브오일 ½큰술
소금, 후추

1 오븐을 180도로 예열한다.

2 큰 오븐팬(40x30cm)에 유산지를 깐다.

3 키친타월로 고구마의 물기를 제거하고 오목한 접시에 담은 후 올리브오일을 고르게 묻히고 소금, 후추로 간한다.

4 팬에 고구마를 펼쳐 넣는다.

5 오븐에서 15분간 고구마 가장자리가 노릇해질 때까지 굽는다.

6 10분 정도 되었을 때 구워진 상태를 살피고 뒤집어 준다 .

7 식힘망에 올려 바삭해질 때까지 식힌다.

전채 요리

# 나초 NACHOS

**준비** 5분 | **조리** 10분

### 6인분

옥수수 칩스 1봉지(약 450g)

아보카도 3개 깍둑썰기

검은콩 1캔(150g) 헹구고 물기 제거하기

구운 옥수수알 150g(옥수수 2개 분량)

살사 프레스카* 250g

체더치즈 갈아서 150g

래디시 6개 얇게 통썰기

**＊ 살사 프레스카** salsa fresca
토마토, 양파, 고추, 고수 등을 작게 잘라서 섞은 멕시코 전통 소스

1 오븐의 열선에서 12cm 정도 떨어진 곳에 그릴망을 끼우고 예열한다.
2 기본 오븐팬(23x33cm)에 옥수수 칩스를 펼쳐 넣는다.
3 가운데에 흰콩, 옥수수, 살사, 아보카도, 치즈를 산처럼 봉긋하게 겹쳐 올린다.
4 오븐에서 치즈가 녹으면서 군데군데 노릇해질 때까지 굽는다.
5 팬을 꺼내 래디시를 올리고 곧바로 서빙한다.

전채 요리

# 닭날개 양념구이 AILES DE POULET ÉPICÉES

**준비** 5분 | **익히기** 30분

### 4~6인분

닭날개 675g
닭다리살 675g
스리라차소스 40㎖
꿀 40㎖

우스터소스 1큰술
올리브오일 1큰술
소금, 후추

1 오븐을 220도로 예열한다.

2 기본 오븐팬(23x33cm)에 닭날개, 닭다리살, 올리브오일을 넣고 섞는다.

3 소금, 후추를 넉넉히 뿌린 후 겹치지 않게 펼쳐 놓는다.

4 오븐에서 25~30분간 익힌다. 중간에 닭을 뒤집어 골고루 노릇하게 익힌다.

5 그동안 스리라차소스, 꿀, 우스터소스를 섞어 둔다.

6 집게를 이용하여 큰 볼에 구운 고기를 넣은 후 5의 소스를 붓고 소스가 골고루 묻도록 흔들어준다.

7 오븐팬에 있는 기름기를 제거하고 집게를 이용하여 닭을 다시 팬으로 옮긴다.

8 오븐에서 약 5분간 소스가 진하고 끈적일 때까지 굽는다.

전채 요리

# 닭간 파테 *PÂTÉ DE FOIE*

**준비** 15분 | **익히기** 5분

### 4인분

닭간 400g 씻어서 물기 제거하기
양파 1개 잘게 다지기
오리 기름(버터나 올리브오일) 50g

삶은 달걀 2개 잘게 다지기
건포도 3큰술 따뜻한 물에 담갔다가 물기 제거하기
소금

1 오븐 열선에서 12cm 정도 떨어진 곳에 그릴망을 끼우고 예열한다.

2 기본 오븐팬(23x33cm) 한쪽에 닭간을 넣는다.

3 다른 한쪽에는 양파와 오리 기름을 섞어 넣는다.

4 팬을 그릴망에 올리고 5~7분 동안 강한 그릴 온도로 굽는다.
닭간은 완전히, 양파는 부드럽고 가장자리가 거뭇해질 때까지 굽는다.

5 잠시 식힌 후 도마 위에 닭간, 양파, 핏기없는 유지를 올리고 작게 다진다.

6 달걀, 건포도, 남은 오리 기름과 함께 섞고 소금으로 간한다.

전채 요리

# 토마토 콩피 부르스케타 BRUSCHETTA AUX TOMATES CONFITES

**준비** 5분 | **익히기** 1시간 15분

### 6~8인분

방울토마토 550g
올리브오일 2큰술
소금, 후추
구운 바게트
프레시 리코타치즈

**1** 오븐을 160도로 예열한다.

**2** 기본 오븐팬(23x33cm)에 토마토를 넣고 올리브오일을 고르게 묻히고 소금, 후추로 간한다.

**3** 오븐에서 1시간 15분 동안 토마토 크기가 줄어들면서 갈라질 때까지 익힌다.

**4** 구운 바게트 위에 리코타 치즈를 펴 바르고 뜨겁게 구운 토마토를 올린다.

전채 요리

# 파스닙 수프 *SOUPE DE PANAIS*

**준비** 10분 | **익히기** 25분

## 2인분

파스닙 400g 3~5cm 크기로 자르기
샬롯 2개 4등분하기
뜨거운 닭육수 350㎖
뜨거운 우유 150㎖
뜨거운 생크림 2큰술 선택

프레시 허브 모듬(차빌, 부추, 또는 타라곤) 약간 작게 다지기(장식용)
올리브오일 1큰술
소금, 후추

1 오븐을 200도로 예열한다.
2 기본 오븐팬(23x33cm)에 파스닙과 샬롯, 올리브오일을 넣고 섞어서 소금, 후추로 간한 후 겹치지 않도록 고르게 펼쳐 놓는다.
3 오븐에서 25~30분간 채소를 부드럽고 노릇하게 익힌다. 중간에 재료를 뒤적거려 고르게 익힌다.
4 구운 채소, 뜨거운 닭육수, 뜨거운 우유를 블렌더에 넣고 곱게 간 후 생크림(선택)을 추가한다.
5 수프가 너무 걸쭉하면 약간의 우유나 생크림을 추가하고 기호에 따라 소금 후추로 간한다.
6 프레시 허브로 장식한다.

전채 요리

# 오징어구이 *CALAMARS GRILLÉS*

**준비** 15분 + 마리네이드 1시간 | **익히기** 2분

### 4~6인분

오징어 450g 내장을 빼고 깨끗이 씻은 후 물기 제거하기

올리브오일 200㎖

마늘 2쪽 얇게 편 썰기

말린 고추 ½작은술 잘게 으깨기

빵가루 4큰술

레몬 1개 4등분하기

소금

**1** 볼에 오징어, 올리브오일, 마늘, 고추를 넣고 섞은 후 상온에서 1시간 동안 재워 눈다.

**2** 오븐의 열선에서 12cm 정도 떨어진 곳에 그릴망을 끼우고 예열한다.

**3** 오징어의 물기를 제거하고 기본 오븐팬(23x33cm)에 넣고 빵가루를 입힌다.

**4** 팬을 그릴망에 올리고 2분간 빵가루가 타지 않을 정도로 오징어를 굽는다.

**5** 레몬과 약간의 소금을 곁들여 서빙한다.

전채 요리

# 달걀 코코트 *ŒUFS COCOTTE*

**준비** 5분 | **익히기** 16분

## 1인분

진한 생크림 1큰술 + 장식용 생크림 약간
달걀 2개
버터 1조각 오븐 용기에 바르는 용도
다진 허브 1작은술
소금, 후추

**1** 오븐을 160도로 예열한다.
**2** 소형 오븐 용기 내부에 버터를 바르고 바닥에 생크림 1큰술을 넣는다.
**3** 달걀을 깨서 추가한다.
**4** 장식용 생크림과 허브를 올리고 소금, 후추로 간한다.
**5** 기본 오븐팬(23x33cm)에 용기를 올리고 오븐에서 16분 정도 흰자가 단단해질 때까지 익힌다.

# 곁들임 소스
## À-CÔTÉS

이 책의 요리를 더욱 돋보이게 하는 차갑거나 따뜻한 소스들

소스

# 치미추리소스 *SAUCE CHIMICURRI*

**준비** 5분 | **익히기** 30분

**6~8인분**

파슬리 잎 35g

고수 잎 35g

샬롯 1개 잘게 다지기

마늘 2쪽 곱게 다지기

레몬 ½개 (즙)

와인식초 2큰술

말린 고추 잘게 다져서 1꼬집 선택

올리브오일 125㎖

소금, 후추

1 파슬리와 고수를 살게 나신다.
2 올리브오일을 제외한 나머지 재료와 1을 한데 섞어서 올리브오일을 조금씩 추가하며 저어 주고 소금, 후추로 간한다.
3 재료의 향이 어우러지도록 30분간 휴지시킨다.
4 밀폐 용기에 담아 냉장고에 2~3일 보관한다.
5 상온으로 서빙한다.

소스

# 아이올리소스 *SAUCE AÏOLI*

**준비** 5분

### 4인분

마늘 2쪽 곱게 다지기
레몬즙 2작은술
달걀노른자 1개
호두 씨 오일 50mℓ(또는 유채 씨 오일 50mℓ)
올리브오일 50mℓ
(잘게 다진) 프레시 허브 믹스-파슬리, 부추, 차빌, 타라곤 등 선택
소금, 후추

1 마늘, 레몬즙, 달걀노른자를 볼에 넣고 섞는다.
2 오일을 조금씩 추가하면서 걸쭉해질 때까지 계속 저어준 후 소금, 후추로 간한다.
3 기호에 따라 허브를 추가한다.
4 상온 또는 차갑게 서빙한다.

# 레몬 케이퍼소스 *SAUCES AUX CÂPRES & AU CITRON*

**준비** 5분 | **익히기** 5분

### 4인분

샬롯 1개 잘게 다지기
마늘 1쪽 잘게 다지기
앤초비 1~2개 잘게 다지기
케이퍼 2큰술
레몬즙 50㎖
올리브오일 5큰술
후추

1 중불에 올리브오일 3큰술을 데운다.
2 샬롯, 마늘을 넣고 투명하게 익힌다. 노릇해지면 안 된다.
3 앤초비를 넣고 1분 더 익힌다. 케이퍼와 레몬즙을 추가한다.
4 2~3분 동안 가볍게 조린다.
5 올리브오일 2큰술을 넣고 후추로 간한다.
6 뜨겁게 서빙한다.

소스

# 따뜻한 머스터드소스 SAUCE À LA MOUTARDE CHAUDE

**준비** 5분 | **익히기** 10분

### 4~6인분

샬롯 2개 잘게 다지기
드라이한 화이트 와인 50㎖
디종 머스터드 1.5큰술
홀그레인 머스터드 1큰술
생크림 75㎖
올리브오일 2큰술
소금, 후추

1 냄비에 오일을 넣고 중불로 데운다.
2 샬롯을 넣고 중간중간 흔들어 주면서 샬롯이 부드럽고 투명해질 때까지 익힌다. 노릇해지면 안 된다.
3 화이트와인을 붓고 알코올이 날아갈 때까지 조린다.
4 머스터드와 생크림을 추가한다.
5 2분 정도 더 끓이고 소스가 적당히 되직해질 때까지 끓인다.
6 소금 후추로 간하고 따뜻하게 서빙한다.

제철 과일을 이용해 다양한 변주가 가능한 디저트

디저트

# 5시간 사과 POMMES DE CINQ HEURES

**준비** 10분 | **익히기** 5시간

### 4인분

후지 사과 10개
레몬 1개(즙)
설탕 70g
녹인 버터 4큰술

1 오븐을 175도로 예열한다.

2 사과의 껍질을 벗기고 씨를 제거한 후 2.5mm 두께로 얇게 썬다.

3 사과와 레몬즙, 설탕, 버터를 기본 오븐팬(23x33cm)에 넣고 섞는다.

4 사과를 한 층으로 촘촘히 펼쳐 놓는다. 그 위에 유산지를 깐다.

5 유산지 각 모서리에 3~4cm 정도의 구멍을 낸다.

6 쿠킹호일을 덮고 사과를 약간 누를 수 있는 오븐용 접시를 올려놓는다.

7 오븐에서 사과가 노릇하고 카라멜화될 때까지 5시간 동안 굽는다.

8 따뜻할 때 서빙한다.

디저트

# 사과 크럼블 CRUMBLE AUX POMMES

**준비** 15분 | **익히기** 40분

### 2인분

후지 사과 2개
오트밀 50g
황설탕 40g
호두 40g 곱게 다지기
녹인 버터 3큰술
계핏가루 ½작은술
작은 나무 꼬치

1 오븐을 175도로 예열한다.

2 사과를 가로로 3등분한 후 숟가락으로 가운데를 동그랗게 파낸다.

3 볼에 사과를 제외한 나머지 재료를 섞어서 크럼블을 만든다.

4 사과 한 개당 나무 꼬치 2개를 이용해 연결하고 기본 오븐팬(23x33cm)에 넣는다.

5 사과와 사과 사이 3의 크럼블을 끼워 넣고 나무 꼬치를 이용해 고정한 후 남은 크럼블을 사과 위에 뿌린다.

6 오븐에서 40~50분 동안 사과가 부드럽고 크럼블이 노릇해질 때까지 굽는다.

7 잠시 식힌 후 사과 위의 크럼블을 정리하고 나무 꼬치를 조심스럽게 제거한 후 서빙한다.

디저트

# 메이플시럽 배 POIRES AU SIROP D'ÉRABLE

**준비** 10분 | **익히기** 30분

### 4인분

배 2개

피칸 50g 곱게 다지기

상온 버터 2큰술

메이플시럽 2큰술

계핏가루 ¼작은술

정향 ⅛작은술

소금 1꼬집

**1** 오븐을 175도로 예열한다.

**2** 배를 길게 2등분한다.

**3** 티스푼이나 전용 스푼을 이용하여 배의 심과 약간의 과육을 긁어내 배에 빈 공간을 만든다.

**4** 기본 오븐팬(23x33cm)에 배를 펼쳐 넣는다.

**5** 배를 제외한 나머지 재료들을 섞어 소를 만든 후 배 안에 채워 넣는다.

**6** 오븐에서 약 30분 동안 배가 부드럽고 소가 노릇해질 때까지 굽는다.

**7** 따뜻할 때 서빙한다.

디저트

# 구운 파인애플 *ANANAS RÔTI*

**준비** 5분 | **익히기** 45분

### 4인분

파인애플 1개
껍질과 가운데 심을 제거하고 5mm 두께로 썰기
바닐라 1개
설탕 50g
계피 2개 작은 크기로 자르기
팔각 2개
버터 2큰술 작게 자르기

**1** 오븐을 160도로 예열한다.

**2** 기본 오븐팬(23x33cm)에 버터를 제외한 나머지 재료를 넣고 섞는다.

**3** 파인애플을 고르게 펼쳐 놓고 위에 버터를 올린다.

**4** 오븐에서 45분 동안 굽는다.

**5** 팬을 꺼내 파인애플을 뒤집고 부드럽고 살짝 노릇해질 때까지 45분 동안 더 굽는다.

**6** 따뜻할 때 서빙한다.

디저트

# 바닐라 미라벨 MIRABELLES RÔTIES À LA VANILLE

**준비** 15분 | **익히기** 45분

### 4인분

냉동 미라벨 600g
녹인 버터 3큰술
황설탕 3큰술
바닐라빈 1개 씨 긁어내기
레몬 ½개(즙)
산딸기 170g

**1** 오븐을 175도로 예열한다.
**2** 기본 오븐팬(23x33cm)에 산딸기를 제외한 나머지 재료를 넣고 섞는다.
**3** 오븐에서 약 40분 동안 미라벨이 부드럽고 시럽이 생길 때까지 굽는다.
**4** 산딸기를 추가하고 5분 동안 더 굽는다.
**5** 따뜻하게 또는 상온으로 서빙한다.

디저트

# 체리 클라푸티 *CLAFOUTIS AUX CERISES*

**준비** 20분 | **익히기** 35분

### 6인분

달걀 큰 것 8개 부드럽게 풀어 놓기

우유 250㎖

생크림 150㎖

설탕 100g

밀가루 50g

녹인 버터 4큰술 + 팬에 바를 버터 약간

소금 1꼬집

씨를 제거한 체리 250g

**1** 오븐을 190도로 예열한다.

**2** 체리를 제외한 모든 재료를 한데 넣고 반죽에 멍울이 없도록 윤기 나게 섞는다.

**3** 거품을 제거한다.

**4** 기본 오븐팬(23x33cm)에 버터를 바르고 반죽을 붓는다.

**5** 반죽 위에 체리를 균일하게 펼쳐 올린다.

**6** 오븐에서 35~40분 동안 익힌다. 클라푸티가 익어 살짝 노릇해질 때까지 굽는다.

**7** 따뜻하거나 상온으로, 또는 차갑게 서빙한다.

디저트

# 복숭아 타르트 TARTE AUX PÊCHES

**준비** 10분 | **익히기** 1시간

### 6~8인분

패스츄리용 도우 1개

복숭아(또는 살구) 600g 1cm 두께의 빗 모양으로 자르기

생크림 225㎖

설탕 50g

달걀 2개

바닐라 에센스 ½작은술

마른 콩(도우 누름용)

1 오븐을 200도로 예열한다.

2 제과용 오븐팬(45x36cm)에 도우를 펼친다.

3 도우 가장자리의 반죽을 집어 2.5cm 두께의 테두리를 만든다.

4 포크를 이용해 바닥에 일정하게 구멍을 낸다.

5 쿠킹호일로 가장자리는 빼고 반죽을 덮은 후 마른 콩을 올린다.

6 오븐에서 15분 동안 반죽을 살짝 노릇하게 굽는다.

7 쿠킹호일과 마른 콩을 걷어내고 5분 동안 더 굽는다.

8 오븐 온도를 175도로 내리고 도우를 잠시 식힌다.

9 생크림, 설탕, 달걀, 바닐라를 섞어서 도우 위에 붓고 그 위에 자른 복숭아를 올린다.

10 오븐에서 약 40분 동안 복숭아가 부드러워질 때까지 굽는다.

11 따뜻할 때 또는 상온으로 서빙한다. 구운 날 먹는 게 좋다.

참 쉬운 프랑스 요리 1

# 미식가의 프렌치 샐러드

**프랑스 정통 샐러드부터 퓨전 샐러드까지**

프랑스는 다양한 문화와 인종이 모여 사는 곳이다. 미식의 천국답게 음식의 종류는 물론 이국적이고 특색 있는 식재료가 넘쳐 난다. 아프리카, 중동, 아시아, 심지어 한국에서 흔히 볼 수 있는 재료도 이미 프랑스인의 음식 문화에 깊숙이 자리한 경우가 많다. 이 책은 이러한 프랑스 식문화를 고스란히 반영해 프랑스 정통 샐러드부터 프랑스인이 자주 즐기고, 프랑스에서 쉽게 만날 수 있는 다채로운 퓨전 샐러드를 담았다.

수 퀸 지음 | 배혜정 옮김 | 값 18,000원

참 쉬운 프랑스 요리 2

## 프랑스 오픈 샌드위치 타르틴

**손바닥만한 빵 위에서 맛보는 프랑스 미식의 세계**
**무엇을 올리느냐에 따라 생각지도 못한 맛의 세계가 열린다.**

타르틴은 슬라이스한 빵 위에 치즈나 고기, 생선, 야채, 과일 등
서로 궁합이 맞는 갖가지 재료를 심플하면서도 풍성하게 올려 먹는 프랑스 오픈 샌드위치다.
빵 위에 무엇을 올리느냐에 따라 맛과 모양에 수많은 변주가 가능해 가벼운 식사부터 애피타이저,
브런치, 와인 안주, 홈파티 요리 등 다양하게 즐길 수 있다.
레시피가 간단해 재료 준비만 잘하면 누구나 전문가 못지않은 근사한 맛과 개성 있는 모양을 만들 수 있어
평범한 날부터 특별한 날까지 두루두루 활용하기 좋은 요리다.

사브리나 포다롤 지음 | 배혜정 옮김 | 값 25,000원

옮긴이 배혜정

미술사 공부를 위해 유학을 떠나 프랑스에 살면서 다양한 프랑스 음식을 접했다.
귀국 후 와인 관련 회사에 몸담았고 대치동에서 프렌치 레스토랑과 쿠킹 클래스를 운영했다.
현재 와인 수입업에 종사하고 있다. 옮긴 책으로 『미식가의 프렌치 샐러드』『프랑스 오픈 샌드위치 타르틴』이 있다.

팬 하나로 다 되는
프랑스 가정식 오븐 요리

초판 1쇄 인쇄 2022년 12월 15일
초판 1쇄 발행 2022년 12월 25일

지은이 몰리 슈스터
옮긴이 배혜정

발행인 장인형
임프린트 대표 노영현

펴낸 곳 다독다독
출판등록 제313-2010-141호
주소 서울특별시 마포구 월드컵북로4길 77, 3층
전화 02-6409-9585
팩스 0505-508-0248
ISBN 979-11-91528-15-2 13590

*잘못된 책은 구입한 곳에서 바꾸실 수 있습니다.
다독다독은 틔움출판의 임프린트입니다.

JUSTE UN PLAT AU FOUR by Molly Shuster
Copyright © Hachette Livre (Marabout), Vanves, 2021
All rights reserved.
Korean translation rights © DADOKDADOK,
an imprint of TIUMBOOKS, (2022)
Korean translation rights are arranged with Hachette Livre (Marabout)
through Amo Agency Korea.

이 책의 한국어판 저작권은 AMO 에이전시를 통해
저작권자와 독점 계약한 다독다독 (틔움출판의 임프린트)에 있습니다.
저작권법에 의해 한국 내에서 보호를 받는 저작물이므로
무단 전재와 무단 복제를 금합니다.